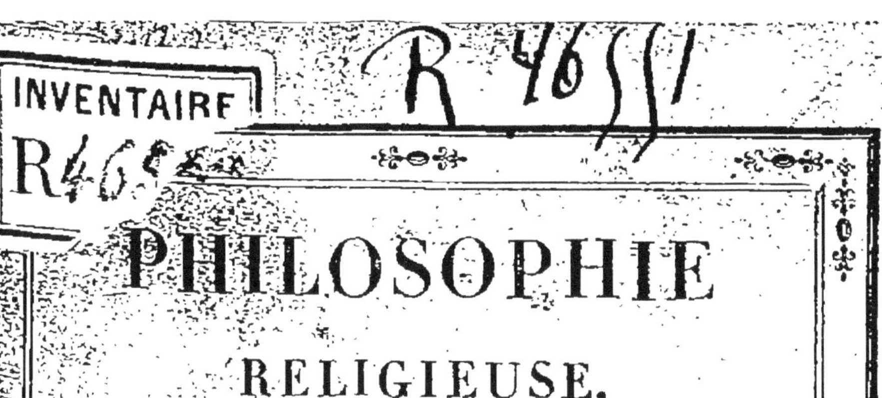

PHILOSOPHIE RELIGIEUSE.

Ier VOLUME.

SAINT MARTIN.

> C'est un grand malheur pour l'humanité qu'il ait manqué à Saint Martin ce qui est si nécessaire dans l'usage de la vie ordinaire, le secret de se mettre à la portée de tous ou du plus grand nombre. C'est un service que nous essaierons, peut-être, de lui rendre un jour.
>
> — ARTHUR, ou Religion et Solitude. 1834. —

A PARIS,

CHEZ TOULOUSE, LIBRAIRE,
RUE DU FOIN-SAINT-JACQUES.
ET CHEZ TOUS LES LIBRAIRES DE ROUEN.

1835.

IMPRIMÉ CHEZ NICÉTAS PERIAUX. ROUEN.

publié par Ulric
Guttinguer

PHILOSOPHIE

RELIGIEUSE.

ROUEN. IMPRIMÉ CHEZ NICÉTAS PERIAUX,
RUE DE LA VICOMTÉ, 55.

PHILOSOPHIE
RELIGIEUSE.

Ier VOLUME.

SAINT MARTIN.

C'est un grand malheur pour l'humanité qu'il ait manqué à Saint Martin ce qui est si nécessaire dans l'usage de la vie ordinaire, le secret de se mettre à la portée de tous ou du plus grand nombre. C'est un service que nous essaierons, peut-être, de lui rendre un jour.

— Arthur, ou Religion et Solitude. 1834. —

A PARIS,
CHEZ TOULOUSE, LIBRAIRE,
RUE DU FOIN-SAINT-JACQUES.
ET CHEZ TOUS LES LIBRAIRES DE ROUEN.

1835.

PHILOSOPHIE

RELIGIEUSE.

« Je pleurerai, mon Dieu, je pleurerai, « jusqu'à ce que j'aie pu persuader mes « frères, *que Dieu seul peut les consoler.* »

— Saint-Martin, *l'Homme de desir.* —

Celui qui a écrit ces touchantes paroles est mort dans les larmes, sans doute, laissant à son siècle d'assez nombreux ouvrages, tous dignes de ce désir si tendrement exprimé : ouvrages pleins de savoir, d'inspiration, d'esprit vraiment prophétique; d'obscurités[1] aussi, qui en ont éloigné le monde vulgaire et frivole. J'étais de ceux-là.... et, pourtant, un jour, il m'a suffi d'ouvrir un de ces livres, pour vouer ma vie aux choses divines.

Tous ceux à qui j'en ai parlé m'ont dit : « Qu'est-ce que cet homme? nous ne le connaissons pas. Où sont ses ouvrages? comment se nomment-ils? Ce que vous nous en racontez émeut profondément nos ames, et remplit nos yeux de pleurs. »

Cet homme, ai-je répondu, est Saint-Martin. Il a passé au milieu de vous, inconnu. Il parut vers la fin du siècle de la philosophie irréligieuse de Diderot, de D'Alembert et de Voltaire. Bien peu se retournèrent à cette voix modeste et douce qui les rappelait dans les chemins du christianisme, de tous côtés assailli.

C'était contre les philosophes [2], que venait se présenter, la visière baissée, avec des armes en deuil, ce chevalier solitaire, sans nom, sans éclat, avec lequel il semble qu'on n'ait même pas voulu combattre.

Ceux qu'il venait repousser sont morts.

Ils sont morts en exécration aux chrétiens dignes de ce nom. Leur influence aussi meurt chaque jour. C'est dans ce signe seul que se peut voir l'espérance de l'humanité.

C'est cette espérance qu'il nous faut tous échauffer, encourager, et c'est à toi d'abord que nous venons demander secours, homme vraiment saint, homme fertile, de nos temps de sécheresse et de stérilité.

C'est ton esprit que nous invoquons et que nous venons tirer de tes livres abondans, pour le présenter à notre société haletante, égarée, mais qui nous semble tourner enfin ses regards vers le ciel [3]. Ils verront que tu en viens, et que, sans doute, tu y es retourné.

Quelques pages de toi, dégagées de ces nuages souvent impénétrables dont tu t'es environné, leur persuaderont que tu avais une mission céleste, que le malheur des temps et la perversité des hommes t'empêchèrent de remplir. Ces pages, je me chargerai de les faire connaître. Si mon siècle ne veut pas les payer, je les lui donnerai, je les jeterai sur son passage, je les lirai à ceux qui viendront me voir, je mourrai dans cette conviction, que je n'ai rien tenté en ma vie de plus utile et de meilleur.

C'est à toi de parler maintenant, à vous d'écouter, si vous voulez, comme il l'a dit quelque part, « *diviniser votre cœur* »[4].

NOTES.

—

[1] Veut-on avoir une idée de cette obscurité pour le grand nombre, et de ce que nous avons cru devoir retrancher? En voici un exemple: « *Quel est le tableau des « choses? — D'un côté, il y a un, quatre, sept, huit et « dix; de l'autre, il y a deux, trois, cinq, six et neuf. « Tout est là pour le présent, malgré les faux calculs « d'un peuple célèbre qui n'a suivi que l'arithmétique.* »

Quelle proie pour la critique et pour l'esprit frivole et moqueur! et cependant, lisez le reste.

[2] Dès-lors, il s'écriait: « *Doctrine humaine, doctrine « humaine, laisse aller mon peuple, pour qu'il me puisse « offrir ses sacrifices.* »

Dès-lors, il disait encore ces mots pleins d'ame et de tendresse sainte et sublime: « Sois bénie à jamais, sois « bénie, sagesse bienfaisante *qui viens de me rendre « la vie!* Laisse-moi te saisir, laisse-moi coller mes

« lèvres sur tes mains et qu'elles ne s'en séparent plus. « *Où irais-je ? N'as-tu pas les paroles de la vie éter-* « *nelle !* »

On le voit, c'était du Rédempteur qu'il parlait.

[3] N'est-il pas déplorable de songer que les écrits de *l'ennemi*, comme tu les nommes si bien, aient eu des réimpressions *populaires*, pour maintenir, propager et entretenir le mal, et que tes écrits salutaires languissent dans leur chétive et unique édition ?

Homme *utile*, tu as oublié d'être amusant, tu n'as pas flatté l'orgueil de l'esprit humain. *Et voilà la cause, la cause !*

[4] Nous ne sachions pas que, depuis 1807, époque à laquelle on publia les œuvres posthumes de saint Martin, il ait été question de lui autre part que dans quelques écrits de M. Sainte-Beuve, qui lui a voué une sincère et vive admiration.

Une préface fut jointe à cette publication, ainsi qu'une notice qui nous donne trop peu de renseignemens. Du reste, nul philosophe professant n'en a parlé : ces personnes, fort instruites d'ailleurs, ne nous donnant jamais que la description de la philosophie, jamais son ame divine; aucuns, surtout, n'ayant intimement lié cette science au christianisme, comme n'a cessé de faire celui dont nous sommes avides de parler. Nous croyons être certains qu'un livre complet se prépare en silence, qui sera une biographie entière des œuvres de cet admirable philosophe; nous savons que ce livre nous sera donné par une des meilleures réputations littéraires et poétiques de nos temps.

Mais, de grands travaux en suspendront peut-être la venue, et notre zèle pour l'avancement de la philosophie religieuse n'a permis à notre cœur aucun retardement. Puisse ce que nous allons faire connaître, exciter un plus vif désir de lire, un jour, tout ce qu'un génie abondant et une plume éloquente auront à dire d'un si riche trésor de sagesse et de poésie!

FIN DE LA PRÉFACE.

PENSÉES

DE

SAINT MARTIN.

1

C'est en pénétrant dans les êtres, que Dieu leur fait sentir leur vie; ils sont dans la mort, dès qu'ils ne sont plus en communion avec lui.

2

Vous tous, habitans de la terre, tressaillez de joie; vous pouvez contribuer à la communion universelle.

3

Ce sont nos liens terrestres qui voilent pour nous l'antique et divine destination.

Elle ne peut manquer de se faire connaître naturellement à ceux dont l'ame a la force de soulever ses fers.

4

Ame de l'homme, monte vers ton Dieu par *l'humilité et la pénitence*. Ce sont là les routes qui conduisent à l'amour et à la lumière.

Tu redescendras ensuite, remplie de tendresse pour tes frères, et tu viendras partager avec eux les trésors de ton Dieu.

5

Vous ouvrez vos trésors pécuniaires au pauvre; mais songez-vous plus encore aux besoins de son esprit qu'à ceux de son enveloppe passagère?

Désirez-vous, par ces secours, qu'il recouvre une partie de sa liberté et de son activité, qui lui sont ôtées par la misère?

Désirez-vous qu'il recouvre, par cette liberté, le moyen de louer plus facilement et plus constamment son Dieu, et de s'enrichir par la prière?

— Un des moyens d'arriver à cette fin de

l'aumône serait, il nous semble, de l'accompagner de ces paroles : « *Mon frère, c'est au nom de Jésus-* « *Christ que je vous donne , c'est lui que je vous* « *prie de remercier.*

Voilà le vrai but de l'aumône; voilà comment l'aumône peut avancer l'œuvre de Dieu.

Si en faisant votre aumône vous vous contentez de dire au pauvre de prier pour vous, vous lui demandez plus que vous ne lui donnez, vous songez plus à vous qu'à lui : et cependant, il est moins libre que vous pour se livrer à la prière.

6

Matière, matière, quel funeste voile tu as répandu sur la vérité.

7

Il n'y a de grand que celui qui sait combattre, parce que c'est le seul moyen de savoir jouir.

8

Le premier secret pour être élevé au-dessus de nos ténèbres, est de nous y élever nous-mêmes.

C'est pour les épreuves que Dieu nous envoie que nous avons le droit de le prier, et non pas pour les torts que nous nous faisons par notre lâcheté.

9

Quand ton cœur est plein de Dieu, emploie la prière verbale, qui sera alors l'expression de l'esprit, comme elle devrait toujours l'être.

Quand ton cœur sera sec et vide, emploie la prière muette et concentrée : c'est elle qui donnera à ton cœur le tems et les moyens de se réchauffer et de se remplir.

10

Purifie-toi, demande, reçois, agis; toute l'œuvre est dans ces quatre temps.

11

Dieu est prêt sans cesse à verser sur toi tous les biens; il ne te demande que de veiller sur les maux qui t'environnent et de ne pas te laisser surprendre.

Son amour a chassé pour toi ces maux

hors du temple : ton ingratitude ira-t-elle jusqu'à les y laisser rentrer.

12

Homme, homme, où trouver une destinée pareille à la tienne, puisque tu es appelé à fraterniser avec ton Dieu et à travailler de concert avec lui ?

13

Non, il n'y a pas de joie comparable à celle de marcher dans les sentiers de la sagesse et de la vérité.

14

Les œuvres de Dieu se manifestent paisiblement, et leur principe demeure invisible.

Prends ce modèle dans ta sagesse; ne la fais connaître que par la douceur de ses fruits; les voies douces sont les voies cachées.

15

Quelle surprise pour ceux qui, dans leur passage terrestre, auront méconnu la circulation universelle!

16

Sagesse, tu dois être si belle, que le pervers lui-même deviendrait ton ami, s'il pouvait apercevoir le moindre de tes rayons.

17

Ma vie sera un cantique continuel, puisque les puissances de mon Dieu sont sans borne.

Je le louerai, parce qu'il a formé l'ame humaine de l'extrait de ses propres vertus.

Je le louerai, puisque l'ame humaine se manifeste comme lui par la parole.

Je le louerai, parce qu'il n'abandonnera pas l'homme dans la misère.

Je le louerai, parce qu'il a donné à l'homme le pouvoir d'employer les animaux même à la culture de la terre.

Les cieux annoncent la gloire de Dieu; mais son amour et sa sagesse, c'est dans le cœur de l'homme religieux qu'en est écrit le véritable témoignage.

C'est dans l'extension sans borne de

notre être immortel, que se trouve le signe parlant du Dieu saint et sacré, et du Dieu bienfaisant à qui sont dus tout nos hommages.

L'univers peut passer, les preuves de mon Dieu n'en seront pas moins immuables, parce que *l'ame de l'homme surnagera sur les débris du monde.*

Si vous éteignez l'ame humaine, ou si vous la laissez se glacer par l'inaction, il n'y a plus de Dieu pour elle, il n'y a plus de Dieu pour l'univers.

Je tiendrai mon ame en activité, pour avoir continuellement en moi la preuve de mon Dieu.

Je la tiendrai occupée à la méditation des lois du Seigneur.

Je la tiendrai occupée à l'usage et à l'habitude de toutes les vertus.

Je la tiendrai occupée à se régénérer dans les sources vivifiantes.

Je la tiendrai occupée à chanter toutes les merveilles du Seigneur, et l'immensité de sa tendresse pour l'homme.

Dès que je m'approcherai du Seigneur pour le louer, il m'enverra le sanctificateur.

Le sanctificateur m'enverra le consolateur.

Le consolateur m'enverra l'ami de l'ordre.

L'ami de l'ordre m'enverra l'amour de la maison de mon Dieu.

L'amour de la maison de mon Dieu m'enverra la délivrance.

Et les ténèbres se sépareront de moi, pour être à jamais précipitées dans leurs abymes.

— Je l'ai dit ailleurs, on croit entendre les prophêtes à de telles paroles.

Elles viennent de cette poésie pleine et élevée dont nous nous étions retirés, et qui nous avait abandonnés.

On peut sonder sans crainte ces paroles, et sous leur éclat on trouvera l'amour vrai et simple de Dieu. On y apprendra à le prier, à l'invoquer, à le chanter, à y trouver ses délices et sa vie.

18

Consolez-vous, petits de ce monde. Les hommes puissans ont en eux-mêmes deux tribunaux. Par l'un, ils vous condamnent, lors même que vous êtes innocens; par l'autre, ils sont obligés de casser la sentence.

19

Vérité sainte, tu es encore comme ensevelie dans les sépulcres; mais tu y as été enterrée toute vive.

Tu renaîtras de toutes les régions de la terre, et tu replongeras la mort dans son tombeau.

C'est le Seigneur lui-même qui te relevera, et qui fera flotter tes enseignes aux yeux des nations.

Tristes victimes des afflictions humaines, redoublez d'efforts pour ne pas laisser éteindre en vous le flambeau des consolations.

Le trajet est court : *vous voyez déjà l'autre rive.* Ne vous restât-il qu'une étincelle de la vivifiante espérance, conservez-la précieusement.

Quand vous arriverez dans les régions de la vie, il ne vous faudra qu'une étincelle pour les embraser tout entières, et les rendre à jamais toutes lumineuses pour vous.

Parce que les substances qui les composent sont plus faciles à enflammer que celle de la foudre même, et plus mobiles que les éclairs.

— Quelle assurance ! et comme ces expressions, toutes poétiques et exaltés qu'elles soient, vous la font partager ! Comme on y donne son cœur !

20

O homme! combien tu gémiras un jour, lorsqu'avec les influences du désordre dont tu te seras rempli, tu t'approcheras de la région de l'ordre! Tu diras :

Comment ai-je pu accuser d'injustice la main qui ne s'était occupée qu'à me combler de faveurs!

21

Pendant le temps, nous ne pouvons que chercher péniblement la sagesse et la vérité. Au-dessus du temps, on les possède. Au-dessous du temps, on vomit des injures contre elles.

Régions saintes, ces malédictions ne prévaudront point contre vous.

— Avec quel transport on accepte cette sécurité d'un noble et divin cœur ! Que de fois, depuis que nous avons lu ces belles assurances, les avons-nous répétées à la solitude et au monde, partout enfin où nous voyions le mal et l'impiété nous circonvenir, partout où nous entendions leurs cris de désespoir et de fureur :

« *Régions saintes, ces malédictions ne prévau-*
« *dront jamais contre vous* ! »

22

Mystères du royaume de Dieu, vous êtes moins inexplicables que les mystères du royaume des hommes.

23

L'amour anime-t-il vos yeux et les remplit-il de douces larmes ? Voilà votre demande, voilà votre prière. Vous êtes exaucés, retournez dans vos maisons comblés de biens.

— Voici en quelles admirables et profondes paroles saint Martin nous explique les progrès, la succession, la marche de la Bible et du Nouveau-Testament. Ses paroles ont jeté un nouveau jour dans mon cœur, sur les effets de ces deux belles histoires de la vie de l'univers :

24

Les Patriarches ont défriché le champ de la vie.

Les Prophètes ont semé.

Le Sauveur a donné la maturité : nous pouvons, à tout moment, recueillir la moisson la plus abondante.

25

Ma parole s'est élancée vers mon Dieu,

elle est montée vers son trône; elle a frappé les sources de la vie.

Je les sens descendre en moi; *elles cherchent partout en moi ce qui leur appartient.*

Elles sont la vie.

Tout ce qui vit en moi est leur propre bien.

Elles sont la paix, la joie, la félicité: comment tout ne finirait-il pas par des cantiques?

Moïse, Débora, Zacharie, tous les saints de Dieu ont complété leurs œuvres par des actions de grâces à l'Éternel.

La fin de l'œuvre sera un concert universel.

Les cantiques sont continuels dans la région supérieure.

Et toi, Israël, tu fus choisi pour être le chantre de la terre.

N'interromps jamais tes concerts, et que la terre ne languisse plus dans le sommeil.

— Beauté, espoir, consolation, tout n'est-il pas dans ces touchantes paroles !

26

A l'image de Dieu, nous devons remplir l'univers de sa justice et de sa bonté distributive, et jusqu'aux lieux où sa justice s'est établie.

Voilà le fardeau que doit porter l'homme de douleur; il doit se charger même du fardeau de ses frères, si la lâcheté les arrête. Il doit porter ce poids accablant au travers des rudes sentiers du temps, au travers des ronces et des épines, malgré les grêles et les frimats, *jusqu'au lieu* de sa destination.

27

Oui, le Seigneur trempe quelquefois l'univers dans l'abîme; mais il ne veut pas l'y précipiter à demeure.

28

Prierez-vous Dieu, et lui demanderez-vous ses dons et ses faveurs avant de vous être purifiés, et d'avoir établi en vous toutes les vertus?

Ce serait lui proposer de se prostituer.

29

Ne nous donnons point de relâche, que nous n'ayons préparé les voies du Seigneur, et que nous n'ayons couvert de fleurs et de branches d'arbres les rues de Jérusalem.

30

C'est du sommet des régions célestes que notre être a été précipité.

Le nom du Seigneur nous a suivis.

C'est son nom qui peut nous faire remonter.

31

L'enfance s'annonce par la rectitude du jugement et le sentiment vif de la justice.

— Cela est bien loin d'être exactement vrai :

l'enfant bat, tue s'il le peut, brise au moins tout ce qui résiste à sa volonté, et ce n'est là ni du *jugement* ni de la *justice*.

Si cette tendre plante était mieux cultivée, la jeunesse ne serait-elle pas pour elle le plein exercice de cette vertu ?

L'âge mûr, celui des vastes et profondes connaissances; la vieillesse, celui de l'indulgence et de l'amour ?

—Hommes appelés à la conduite des hommes, ne vous lassez pas de méditer cette parole :

« *Si cette tendre plante était mieux cultivée...* »

Faites lui puiser ses premiers alimensda ns la source sainte. Faites lui admirer les beautés divines des cantiques; mettez-les à sa portée, et ne le nourrissez plus de rêves payens.

32

Le principe de la vie temporelle est doux

comme l'enfance de l'homme. Le principe spirituel est doux comme la vérité.

Mais, quant à la douceur du principe de la vie divine, il faut être ressuscité du temps, pour la connaître et la sentir.

Aussi, lorsque tu élèves ton esprit vers le Seigneur, prends garde que ton cœur ne reste sur la terre.

Quand tu élèves ton cœur vers les cieux, fais en sorte qu'il y vole sur les ailes de ton esprit.

Par ce moyen, tu rapporteras à la fois dans toi-même les trésors de l'amour et de la lumière, et tu prendras quelque idée des perfections de ce grand Être qui est au-delà du temps, et dans qui tous ces divins attributs sont éternels comme lui, parce qu'ils existent et n'agissent que dans sa sainte et sublime unité.

33

Suis-je pour une autre fin que pour rechercher l'alliance du Seigneur? Je prendrai de solennels engagemens pour que cette fin ne s'efface jamais de mon cœur et de mon esprit.

Faites que je ne sois jamais assez malheureux et assez indigne pour l'oublier: ou bien, élevez-vous tous contre moi, témoignez tous contre moi.

34

Qu'il n'y ait jamais qu'un triomphe sur la terre, et qu'il soit réservé à l'homme de paix, à l'homme de *bonne volonté* : c'est de sentir qu'il n'y a pas de joie semblable à celle de reposer dans le Seigneur, et d'être comme porté par la main du Seigneur.

35

Suspens, Dieu suprême. . . . . . Donne-moi le temps de me prosterner à tes pieds, pour me préparer à tes faveurs, et pour en devenir moins indigne. . .

Je viens de me prosterner aux pieds de l'Éternel. . .

Tais-toi, mon ame, et adore. . . Au lieu de me laisser livré à mon humiliation, *Dieu me cherchait, Dieu me poursuivait.* . .

— Ces paroles ont un long retentissement. Qui n'a pas éprouvé cette recherche, cette poursuite de son Dieu, lorsqu'il ne veut pas *nous laisser dans notre humiliation?*

Vainement on a fui, on a crié, blasphêmé, Dieu avait dit: «je l'atteindrai.» O pauvres cœurs tourmentés des passions, qui lirez ceci, arrêtez-vous, sentez le souffle de Dieu haletant sur vos pas.... arrêtez-vous, jetez-vous contre terre, vous vous trouverez dans ses bras au réveil.

36

Je me suis relevé, je n'étais plus le même homme.

Tous les liens qui auparavant tenaient ma tête courbée vers la terre s'étaient rompus.

Toutes les séductions qui m'avaient empoisonné étaient disparues; des sources actives sortaient librement de mon cœur.

Elles portaient leur cours, sans rencontrer aucun obstacle, vers les régions du monde, pour y contempler les lois du Seigneur.

Vers l'abîme, pour y contempler sa justice.

Vers son séjour sacré, ma première demeure, pour y trouver le terme de toutes les fatigues des mortels.

37

Heureux qui n'a pas approché les confins de la mort et du néant, et qui n'a point laissé entrer la glace de l'hiver dans son cœur !

Il pourra espérer la renaissance du printemps.

38

Heureux ceux qui peuvent dire du fond

du cœur : *Nous ne sommes point sans notre Dieu.*

39

Qui me renversera désormais ? Un signe créateur a été gravé sur moi.

40

Qu'es-tu, ténébreuse philosophie ? mon Dieu est plus grand que toi ; mon Dieu est tout. Où trouverais-je un autre être qui me fût aussi doux que mon Dieu ?

41

Heureuses les ames qui s'humilient devant la vérité, et qui supportent en paix la lenteur de la rosée salutaire.

Gémis, prie et attends.

42

Veillez, pour ne point tomber en proie aux illusions de cet être trompeur *qui souffle sans cesse aux hommes des plans au-dessus de leurs moyens*, afin qu'ils soient couverts de honte et d'humiliation.

43

Sagesse, sagesse, tu agites quelquefois l'homme avec un bras puissant; tu l'élèves aux régions suprêmes; tu le plonges dans l'abîme.

44

Le Seigneur en a agi avec moi comme une maîtresse jalouse, il a tout disposé soigneusement, de peur que je n'aimasse autre chose que lui.

45

O homme! ne te donnes plus de si grands mouvemens pour de si petits motifs, comme tu le fais tous les jours.

Rougis, au contraire, d'avoir près de toi de si grands motifs, qui n'opèrent de ta part que de si petits mouvemens.

46

Si l'homme ne veille pas sur les désirs de son ame, et *sur sa prière même*, il peut augmenter son infortune, parce que les désirs de l'homme sont puissans et *que leur force peut faire obtenir.*

Mais la prière est fille de l'amour, elle transforme toutes les infortunes en délices.

47

Cœur de l'homme! tâche de te frayer des routes analogues à la région de la lumière, en te rapprochant, par tes affections, de ceux qui y font leur demeure.

48

Les hommes ont dit : « Les maux et les punitions ne dureront pas éternellement. Comment concilier une éternité de mal avec la bonté infinie de Dieu ? » Écoutez une vérité :

L'homme de paix serait-il heureux, s'il entrevoyait un terme à sa joie? Le coupable serait-il puni, s'il entrevoyait un terme à sa peine? Justice suprême, c'est de ce caractère d'unité que tu tires toute ta force et tout ton effet.

Dans quelque état que l'homme se trouve, l'idée de l'éternité le poursuit, parce que tu es une, ô vérité sainte!.........

Pensée de l'homme, ne va pas plus loin. C'est assez pour toi d'arriver, par ta seule raison, à ces clartés, et de voir que le sentiment de l'éternité de la peine est indispensable dans le criminel, pour qu'il soit puni. Malheur à toi, si cela ne te suffit pas pour te rendre sage, et te faire trembler devant le Seigneur! En attendant l'opinion la plus certaine, cherche la plus utile et la plus salutaire.

L'idée de l'éternité des peines est, peut-être, moins conforme à ton esprit, parce que tu es dans le temps, par conséquent dans des bornes. L'idée contraire est moins avantageuse à la conduite, et tu ne peux te dissimuler qu'elle est hasardée.

Ceux même qui croient les peines éternelles, sont-ils toujours arrêtés par là dans leurs crimes? Comment t'assureras-tu de trouver plus de crainte et plus de sagesse dans une opinion moins satisfaisante.

— Sous le n° 51 de l'*Homme de désir*, est une parabole que les prophètes envieraient à son auteur.

Trop longue pour être ici rapportée, nous la recommandons à ceux que ces extraits conduiraient à chercher le livre complet.

Nulle part ils ne trouveront une allusion plus

belle et plus frappante à l'ingratitude de l'homme et à sa sublime destinée.

49

Hommes matériels, voulez-vous une preuve irrécusable de la révélation ?

Il y a eu un livre écrit long-temps avant l'établissement du Christianisme et la dispersion des Juifs, et ce livre annonçait ces deux événemens.

Est-ce l'homme qui a pu se donner ce coup d'œil prophétique? Et, dans le secret de votre pensée, ne sentez-vous pas que l'homme en est incapable ?

50

Mortels, occupez-vous de l'ordonnance de vos facultés. Vous avez le pouvoir d'y produire la paix et l'harmonie, comme Dieu produit la vie dans vos essences. Votre essence et vos facultés viennent de lui, mais l'ordonnance et l'administration de vos facultés doivent venir de vous.

51

Ames humaines, voulez-vous voir fleurir en vous tous les dons ?

Abreuvez-vous journellement des eaux de la crainte du Seigneur ; abreuvez-vous en constamment, et jusqu'à vous enivrer de cette boisson salutaire.

52

La crainte du Seigneur est une seconde création pour l'homme. Elle éloigne de lui tous les maux. Elle absorbe toutes les autres craintes.

53

Tâchons d'atteindre à cette vérité sublime, que le véritable bonheur de l'homme ne se trouve que dans le bonheur de ses semblables. Dites-vous en vous-mêmes, et dans le secret d'un cœur calme et pur :

Je sens avoir besoin du bonheur des autres. Il me semble que la famille humaine ne fait qu'un, et que j'ai au fond de mon être le désir de la félicité de tous ses membres.

Les fausses doctrines ont voulu vous avilir, en ne montrant d'autre mobile à vos actions que l'amour-propre.

Vengez-vous par ce principe positif, quoique si souvent défiguré, et vous jugerez alors si cette parcelle de feu qui vous anime peut venir d'autre feu que d'un feu divin.

54

L'amour de tous est un amour céleste.

55

Mortels, qu'est-ce que Dieu vous a fait, pour vous déclarer ses ennemis? Des torches funèbres sont aujourd'hui les seules clartés qui vous dirigent; vos pas ressemblent à une pompe mortuaire; et c'est dans cet état de mort que vous vous déclarez les peintres de la vérité!

56

S'il n'était pas venu un homme qui seul

eût pu dire : « Je ne suis plus dans le monde, » que serait devenue la postérité humaine ? Elle était tombée dans les ténèbres. Rien ne la liait plus à son lieu natal, elle était pour jamais séparée de sa patrie.

57

Un éclair est parti de l'Orient; il est venu toucher la terre, et nous a montré la nue ouverte.

58

Christ ! ô Sauveur! Il faut être ressuscité comme lui d'entre les morts, pour le connaître et ne vouloir plus s'en séparer.

59

Oh ! combien ses plans ont été peu remplis ! il fallait ne jamais sortir, comme lui, du sens supérieur, pour que son œuvre atteignît son complément.

Postérité humaine, cette voie était-elle trop sublime pour toi ? elle ne l'était pas plus que ta destination et ton origine. Il avait apporté une voie de grâce et de mérite ; ils en ont fait une voie de rigueur et de péché : il avait apporté une voie vive ; elle est devenue une voie morte et meurtrière, quand elle a été circonscrite dans les livres.

60

La voie de mérite et de liberté était la voie divine elle-même, parce que *notre Dieu* ne peut apporter autre chose. Et ils voudraient encore douter de la divinité du Réparateur!

— Témoignage d'un esprit sublime, que vous êtes fortifiant pour notre foi! Une science si belle et si profonde n'a pas pu se tromper. Aussi, nous l'entendons avec délices dire : *le Sauveur, le Réparateur, notre Dieu!*

61

Science, science, tu es trop simple, pour que les savans et les gens du monde puissent te soupçonner.

62

Il faut être demeuré victorieux de la bête et de son image, pour posséder les harpes de Dieu.

63

Hommes, vous paraissez bien soigneux

de ne pas transgresser la mesure humaine de vos conventions et de vos usages, et vous l'êtes bien peu d'atteindre à la mesure divine de la loi et de l'avancement de l'œuvre de la sagesse sainte.

64

Les hommes se lapident mutuellement tous les jours avec des paroles, et c'est par leurs paroles qu'ils devaient se soutenir et se sanctifier les uns les autres.

65

Oh! mes frères, commençons par nous aimer; nous nous corrigerons ensuite, et nous nous perfectionnerons réciproquement, si toutefois l'amour ne nous perfectionne pas lui-même.

66

Ce n'est que dans le calme de notre matière que notre pensée se plaît. Ce n'est que dans le calme de l'élémentaire que le supérieur agit. Ce n'est que dans le calme de notre pensée que notre cœur fait de véritables progrès. Ce n'est que dans le calme du supérieur que le divin se manifeste.

67

Je priais, et je sentais le chaos des pensées de l'homme m'abandonner et descendre au-dessous de moi. Une lumière pure s'élevait doucement du sein de mon ame et se répandait sur tout mon être.

Que la lumière paraisse, et la lumière parut!

68

Douleur, douleur, douleur ! je ne ferai autre chose que prononcer cette parole jusqu'à ce qu'une puissance s'élève de la terre et vienne dissoudre les iniquités de l'homme.

69

Prosternons-nous ensemble, réunissons-nous chaque jour, pour fléchir sa colère et pour tempérer sa justice.

Prononçons le nom de notre père dans les soupirs et dans les sanglots, prononçons-le jusqu'à ce que l'ennemi s'éloigne et suspende ses hostilités.

— Et nous, adorons une charité si aimable et si ardente, si riche dans son expression, si belle, si laborieuse dans son saint-désir.

70

Oh ! comme elles sont douces, les guérisons opérées par la main du Seigneur ! Elles n'ôtent presque rien, elles ne font que donner; parce que, supérieures aux guérisons qui se font par la main des hommes, elles s'opèrent avec des instrumens qui ont en eux une source de vie et de principes créateurs.

71

Nations, la science vous a desséchées. Ouvrez votre ame à la joie pure et à l'innocence; la science n'en sera pas moins prompte à vous éclairer.

72

Je trouve autour de moi tous les objets

de l'illusion, qui me répugnent; et ils s'éloignent de moi, les hommes *de désir et de vérité* qui seraient si chers à mon cœur!

— Hélas! à chaque pas que nous faisons sur la terre, à chaque heure de notre vie, à chaque homme que nous rencontrons, nous pouvons pousser ce cri de détresse.

75

Mensonge, mensonge, attendrais-je que je sois régénéré pour te combattre? Quelque indigne que je sois des regards de mon Dieu, tu en es encore plus indigne que moi.

Je me souviendrai que je suis la pensée du Seigneur, et, par les droits de mon être, j'imprimerai sur toi un signe de flétrissure qui te rendra l'opprobre des nations.

Tu voudrais avoir mon ame! mon manteau lui-même t'échappera.

Dieu s'est rendu mon lieu de repos.

74

Chaque jour, avant de nous livrer au sommeil , renvoyons *l'ennemi* dans ses abîmes.

75

Préparons-nous ainsi, à la fois, le sommeil de paix et le réveil du juste.

76

Pourquoi l'homme, ici-bas, est-il rempli d'espérance? c'est qu'il vit dans les liens de l'amour. Aussi, *tout serait doux dans la vie de l'homme, sans les moyens forcés qu'il emploie sans cesse pour arriver au bonheur.*

77

Où cherchez-vous la vie ? vous croyez la trouver dans vos arts et dans les ouvrages de vos mains! Tous ces objets l'attendent de vous, comment pouvez-vous l'attendre d'eux ?

78

Est-elle donc si difficile à connaître, la destination première de l'homme ?

Ouvrez-vous, mes yeux, sur ses diverses occupations.

Les lois n'ont-elles pas pour but de prévenir ou de réparer les torts que l'injustice ou les crimes peuvent faire à la société?

La religion n'a-t-elle pas pour but de prévenir ou de réparer les torts que notre éloignement de Dieu peut faire à nos ames?

Les sciences n'ont-elles pas pour but de prévenir ou de réparer les torts que l'ignorance peut faire ou a déjà faits à nos esprits ou à nos corps ?

Homme, toutes les fonctions, prises dans leur vrai sens et purgées des abus qui les avilissent ou qui les corrompent, me présentent sans cesse des torts à redresser et des maux à guérir.

79

Tout borné, tout faible que tu es aujourd'hui, jette les yeux autour de toi. *Ta loi t'a suivi.* Mais combien elle s'est resserrée, combien elle a changé d'objet!

80

Pleure, homme, pleure; verse des larmes de douleur, et apprends combien ton empire a changé! Il est livré à une guerre civile universelle.

81

C'est une preuve de ta grandeur, que tu t'occupes, même aujourd'hui, d'établir l'ordre partout et de combattre le désordre.

Mais c'est une preuve de ta dégradation, que tu aies à exercer ces fonctions sur des êtres de ton espèce.

Réfléchis à ces témoins irrésistibles, et nie, si tu peux, un crime originel.

— A cette place se trouve une peinture sublime et terrible de la fin des temps. Elle respire une conviction et une croyance intimes, qui se révèlent encore plus dans cet admirable mouvement qui la termine :

82

« Je monterai sur les tours de Sion, et « de cette hauteur je contemplerai ces scènes « de désolation. »

Hommes de Dieu, aidez-moi à monter sur la tour de Sion; lorsque j'y serai parvenu, vous retournerez, pleins de mon amour et de ma reconnaissance, rendre le même service à mes autres frères.

83

C'est au Christ qu'il faut porter l'hommage si plein de charme et de tendresse renfermé dans ces paroles :

« La voix de *mon ami* est douce. Je ne « veux plus écouter d'autre voix que celle « de *mon ami*. . . . . « Oh! mon ami, si j'avais le malheur de ne « plus entendre ta voix, je regarderais dans « mon cœur, j'y trouverais écrit le souvenir « de ton bienfait, et il me servirait de guide « dans mon désert et dans mon obscurité. « Désormais, j'aurai deux guides pour me « conduire dans les longs sentiers de ma « renaissance : la voix de mon ami et le « souvenir de son bienfait.

« Je les écouterai, *et mon cœur n'aura* « *point de repos que tout homme ne les*

« *écoute et ne les suive à son tour.* »

— Une tristesse profonde vous saisit à ces paroles! Que s'est-il passé depuis qu'elles ont été prononcées? Trente années d'une impiété presque générale! trente années de blasphème et de moquerie, d'indifférence et de dédains pour la religion de *cet ami dont la voix est si douce.*

84

Mes chants, que n'êtes-vous comme des torrens de feu de l'esprit!

Vous n'êtes point l'épée tranchante, vous n'êtes point la flèche acérée qui puisse mettre en fuite *l'ennemi* du Seigneur.

Ils ne sont que comme une barrière placée autour de la citadelle et qui peut, au moins pour un temps, empêcher *l'ennemi* d'entrer.

Ames simples et douces, ne vous laissez point corrompre par les doctrines du néant. Prenez ici des forces pour vous défendre.

85

Homme, de tous les animaux, les oiseaux sont les seuls à qui tu sois parvenu à faire répéter quelques sons que tu te plais à regarder comme des paroles.

Les animaux terrestres en sont incapables. Les poissons encore plus que les animaux terrestres. Les serpens sifflent. Les animaux sous-terrestres n'ont pas même la faculté de produire un cri. Et c'est dans leur séjour que, depuis le crime, tous les hommes sont condamnés à descendre.

Pèse ici ta misère ; mais n'oublie pas que c'est parmi les oiseaux que furent choisis les plus grands types de miséricorde et de régénération.

Ne perds pas de vue la colombe. Désire, comme David, de pouvoir en acquérir les ailes, pour t'envoler vers le lieu du repos.

86

Rois de la terre, cessez de vous glorifier, frémissez des dangers qui vous environnent, et songez que vous n'êtes plus les seuls qui ayez des pouvoirs dans vos royaumes. *Vous êtes aux prises avec vos propres sujets.*

87

Pasteurs des ames qui avez égaré vos brebis ;

Savans de la terre qui avez été trop sensibles aux amorces de la fausse lumière ;

Riches du monde qui avez détourné vos yeux du pauvre, et qui avez tant frémi de lui ressembler, parce que, ne sachant pas faire l'aumône sans orgueil, vous n'auriez pas su la recevoir sans humiliation :

Venez apprendre ici votre destinée :

Une salle immense se présente à votre vue ; elle est superbement ornée.

Des ministres de l'Église, des grands, une nombreuse troupe d'hommes et de femmes sont assis tout autour et vêtus de robes couvertes d'or et de pierreries.

Que faites-vous ainsi rangés et immobiles ?..... — Ils ne répondent point.

Que faites-vous ainsi rangés et immobiles?...—Ils remuent la tête d'un air triste, et ne répondent point.

Que faites-vous ainsi rangés et immobiles?...—Ils ne répondent point, mais tous, d'un mouvement commun, entr'ouvrent leur robe et laissent voir des corps rongés de vers et d'ulcères.

Ce spectacle vous baigne de pleurs.

Allez donc, l'esprit vous ordonne d'avertir ceux de vos frères qui sont encore dans la maison de votre père.

88

Quel est celui qui reviendra victorieux du combat? C'est celui qui s'occupera peu de l'affliction d'être effacé de la mémoire des hommes, et qui se portera tout entier au soin de n'être pas effacé de la mémoire de Dieu.

89

Comment douterais-je que l'homme ne soit chargé de faire lui-même son œuvre et de se créer ses plaisirs? D'où lui viennent tous ses soins d'orner ses habitations et d'y intéresser sa vue par mille objets d'agrémens et de surprise?

Cette image, toute fausse qu'elle est, rappelle à l'homme un bonheur par lequel la vie coulait naturellement en lui, comme les fleuves dans leurs lits et les fontaines dans leurs canaux; au lieu qu'aujourd'hui, s'il veut goûter la vie, il faut qu'il commence par la faire sortir de lui avec les plus laborieux efforts.

90

Astres lumineux qui brillez sur nos têtes, vous ne pouvez faire société avec nous ; vous ne pouvez nous aimer ; vous ne pouvez nous apprendre à nous connaître ; vous ne pouvez nous pardonner.... *et nous n'avons besoin que d'amour et de pardon.*

Qu'importe donc aux vérités fondamentales qu'un homme ait trouvé ou non une planète de plus ? . . . .

Mais un nouvel ordre se présente. Toutes les étoiles sont divisées par familles ; ces familles sont séparées dans les cieux par de vastes espaces. Leur nombre est indéfini comme celui des étoiles qui les composent. Chaque étoile est à son tour le centre d'un système planétaire. Soleil, astre brillant, que des nations entières ont pris pour le Dieu du monde, tu n'es plus qu'une petite portion d'un grand système ou d'une grande famille d'étoiles, et tu te perds dans l'immensité du firmament.

Si tu deviens si petit dans notre pensée, que sera-ce donc de notre terre? que sera-ce de nous?

On éprouve une admiration qui ressemble à de la frayeur, quand on contemple, sous ce nouveau plan, cet espace indéfini et le nombre des corps qui y nagent.

On sent en même temps que ce spectacle est aussi séduisant qu'il est terrible.

Homme, tout en l'admirant, prends la précaution de te défendre.

L'immensité de ce spectacle serait propre à écraser ta pensée, comme elle écrase ta chétive stature.

Fais revivre tes droits, et distingue-toi de tous ces êtres magnifiques, mais muets, par la supériorité de ta parole. Est-ce par les yeux de ton corps que tu dois mesurer ton être et ta destination ?

91

Où prendrais-je une idée juste de la prière et des effets qu'elle peut produire ? Elle est une seule ressource, mon seul devoir, ma seule œuvre, dans cette région ténébreuse, et sur ce misérable théâtre d'expiation.

Elle peut purifier et sanctifier mes vêtemens, mes alimens, mes possessions, les matières de mes sacrifices, tous les actes et toutes les sujétions de mon être.

Je peux, par ma prière, atteindre jusqu'à ces sphères supérieures dont les sphères visibles ne sont que d'imparfaites images.

Bien plus, s'il paraît devant moi un homme dont les discours ou les défauts m'affligent, je peux, par la prière, recouvrer de l'intérêt pour lui, au lieu de l'éloignement qu'il m'aura causé.

Je peux faire, par ma prière, que l'impie devienne religieux, que l'homme colère devienne doux, que l'homme insensible se remplisse de charité. Je peux, par ma prière, ressusciter partout la vertu.

— Hélas! cette noble et sincère illusion est touchante, mais trop démentie par les faits. La prière de Jésus-Christ, elle-même, n'opéra que des résurrections individuelles.

Je peux, par ma prière, descendre jusque dans les lieux de ténèbres et de douleur, et y porter quelque soulagement.

N'est-ce pas la prière qui autrefois a redressé le boiteux, fait voir l'aveugle et entendre le sourd?

N'est-ce pas elle qui a ressuscité des morts? Je dois tout attendre de Dieu, sans doute; mais, attendre tout de Dieu, ce n'est pas rester dans l'apathie et dans la quiétude; c'est l'implorer par mon activité et par les douleurs secrètes de mon ame, jusqu'à ce que ma langue étant déliée, je puisse l'implorer par des sons harmonieux et par des cantiques.

Par la force et la persévérance dans ma prière, j'obtiendrai, ou la conviction extérieure, qui est le témoignage, ou la conviction intérieure, qui est la foi.

C'est pourquoi les sages ont dit *que la prière était une récompense.*

Le secret de l'avancement de l'homme consiste dans la prière.

Le secret de la prière, dans la préparation.

Le secret de la préparation, dans une conduite pure.

Le secret d'une conduite pure, dans la crainte de Dieu; le secret de la crainte de Dieu, dans son amour, parce que l'amour est le principe et le foyer de tous les secrets, de toutes les prières et de toutes les vertus.

N'est-ce pas l'amour qui a proféré les deux plus sublimes prières qui aient été communiquées aux hommes; celle que Moïse a entendue sur la montagne, et celle que Jésus-Christ a prononcée devant ses disciples et devant le peuple assemblé?

92

Combien de langues seront annulées un

jour ! Combien de fruits de la pensée de l'homme dépériront jusqu'à être entièrement effacés !

93

Fleuve des siècles, vous semblez ne rouler dans vos eaux troubles que l'erreur, le mensonge et la misère.

Au milieu de ces torrens fangeux, à peine se trouve-t-il un filet d'eau pure ; *et c'est tout ce qui reste pour désaltérer les nations !*

94

De toutes ces langues, de toutes ces pensées, il ne restera que ce qui aura rapport aux principes éternels de la langue divine.

N'écoutons jamais que ceux qui la parlent.

95

Ne nous laissons pas séduire à l'éloquence de tous les orateurs qui nous environnent.

Ce sont ces langues fausses qui ont égaré tant de mortels, et qui, après leur avoir procuré des empires, les ont plongés eux-mêmes dans la plus horrible des servitudes.

96

La sagesse est l'avant-coureur du nom du Seigneur, et le nom du Seigneur apporte avec lui tous les biens.

97

Quel sens profond n'est pas renfermé dans ces mots si souvent répétés dans l'Écriture : *Il m'invoquera et je l'exaucerai, et j'entendrai ses paroles, et je me rendrai à ses prières.*

98

Homme aveugle, tu paies pour voir au théâtre la représentation de quelques traits de vertu et de bienfaisance; mais on ne t'en donne que la figure. Écoute : avec cette même somme que tu paies pour voir cette apparence, tu peux, chez un malheureux, en avoir la réalité.

99

Musique des siècles modernes, tu es faible et impuissante : tu peux nous plaire quelquefois, tu peux même nous agiter, mais tu ne peux nous avancer ni nous instruire.

100

Que faites-vous quand vous n'appliquez la musique qu'à la peinture des passions et des fureurs de l'homme? Vous ouvrez par là les sentiers corrompus qui vous environnent; et vous vous livrez, sans le savoir, à des mains perfides qui vous enchaînent.

101

Divine mélodie, descends des portiques sacrés où tu prépares et sanctifies les voix qui sont chargées de chanter les cantiques du Seigneur. Si l'homme n'a plus, comme autrefois, le pouvoir de disposer de tous, il lui reste celui de les implorer.

102

Il peut encore t'adresser des supplications

humbles et timides : c'est à toi de les faire parvenir jusqu'au trône de la suprême intelligence; *et c'est pour cela que ta demeure ne devrait jamais être que dans les temples.*

103

Quel fut le motif de la joie du Christ, lorsque ses apôtres vinrent lui rendre compte de leurs œuvres ? Ce fut moins de ce qu'ils avaient puissance sur les démons, que de ce que les noms de ses disciples étaient écrits dans le livre de vie.

C'est le seul moment de toute sa vie temporelle qui soit marqué d'un moment de joie ; et quel en fut l'objet ?

C'était de sentir que l'amour divin avait

pénétré sur la terre, et avait arraché quelques proies à *l'ennemi*.

C'était de sentir que la sagesse humaine était humiliée, en ce qu'elle ne pénétrait point dans ces choses qui étaient révélées aux petits.

104

Moïse a fait mourir les Égyptiens; Samuel a fait mourir Agag; Élie les prophètes de Baal et les capitaines d'Okosias; Élisée les enfans des prophètes qui l'insultaient; Jérémie porte la parole de mort au faux prophète Hananias, qui mourut la même année; Ézéchiel, du sein de la captivité, fait mourir Pheltias à Jérusalem, en prophétisant contre lui; Pierre a fait mourir Saphire et Ananie;

Paul a livré des prévaricateurs à Satan;

Le Réparateur n'a fait mourir personne, et il a toujours pardonné.

Il a empêché Jacques et Jean de faire tomber le feu du ciel sur un bourg de Samaritains dont les habitans n'avaient pas voulu le recevoir. Il a soustrait Piérre à Satan, qui l'avait demandé pour le cribler comme dans un crible; il a prié pour ses propres bourreaux, et dans le temps même qu'ils le suppliciaient.

Si tu veux le suivre dans sa charité, qui peut limiter tes espérances? Si la prière du juste peut tout, commence donc par te justifier: tu pourras trouver Dieu à tous tes pas, en tout temps et sans cesse, comme si tu avais déposé ta dépouille humaine.

105

Oui, nous sommes tous armés et nous devons tous vaincre, si nous voulons arriver; mais nous ne devons pas vaincre tous de la même manière.

Les uns ont à vaincre dans leurs passions, les autres dans les faux exemples, dans les impérieuses conventions du monde, dans les maux corporels, dans les tribulations de la pensée, dans les disproportions de mesure; quand l'un n'en est encore qu'aux figures, l'autre en est aux réalités.

Il en est qui ont à supporter les douleurs de la charité universelle, qui se réveillent en nous quand Dieu nous envoie quelque rayon de son ardent amour pour l'humanité. Seigneur, fais approcher le ciel entier du cœur de l'homme, et que ce foyer brûlant lui fasse éprouver ces tourmens si salutaires!

106

Regarde même autour de toi et sur les plus simples lois de ce monde physique. Les astronomes prédisent, plusieurs siècles d'avance, les éclipses et les révolutions des cieux; et ils pourraient à peine prédire si demain le temps sera clair ou sombre.

107

C'est pour que l'homme porte sa tête dans les cieux, qu'il ne trouve pas ici où reposer sa tête.

108

Jetez les yeux sur la postérité humaine, et vous ne douterez plus que l'homme n'ait voulu se faire Dieu; quel est l'homme qui ne répète pas ce crime tous les jours?

109

Commencez par rétablir la paix dans vos ames, l'unité dans vos esprits, la concorde et l'harmonie entre toute la famille humaine; les anges eux-mêmes viendront s'unir à vos hymnes et à vos cantiques.

110

O crainte divine, tu n'es toi-même que le commencement de la sagesse, tu n'en es pas le terme et la fin; il ne se trouve, ce terme, que dans le calme et la joie de l'esprit.

111

Je craindrai Dieu avec mesure, mais je l'aimerai sans mesure. Je puis trop craindre et je ne puis trop aimer.

112

O hommes! vous voudriez ne point parler de Dieu à vos enfans dans leur bas âge! Êtes-vous donc sûrs de trouver, dans leur âge de raison, des instituteurs assez instruits pour leur en parler de manière à leur développer tous les rapports qu'ils ont avec lui.

113

J'errais dans les divers sentiers de mon

désert : fleuves, arbustes, animaux des champs et des forêts, devenez pour moi comme des consolateurs et des amis.

114

Insectes de la terre, rosée, glaces, esprit des tempêtes, parlez-moi du Seigneur, puisque l'homme ne m'en parle point. Il était le témoignage du Seigneur, il ne vient plus en témoignage, et notre Dieu n'a plus de témoins dans l'univers.

— Quelle noble tristesse est ici répandue! Quelle plainte sublime contenue dans ces mots: *notre Dieu n'a plus de témoins dans l'univers!*

115

L'enfant prend dans l'instruction vulgaire

la semence de la croyance divine et le germe des vertus morales et religieuses qu'elle contient, et qui sont analogues à l'essence de notre ame.

Parlez donc de Dieu à vos enfans, comme on vous en a parlé à vous-mêmes ; parlez-leur de Dieu, plus encore par vos actes que par vos discours; et, quand leur âge sera arrivé, peut-être leur ame, ainsi préservée, procurera-t-elle des éclaircissemens et des solutions satisfaisantes à leur esprit.

Quel plus bel emploi que celui de préparer des témoins à notre Dieu!

Ranimons, instruisons les êtres qui doivent lui servir de témoignage, et nous n'aurons plus besoin d'errer dans les divers sentiers de la nature, et de demander à toutes ses productions de nous parler de notre Dieu.

116

Le bonheur de l'homme est dans la main de Dieu, et c'est lui qui met, sur la personne du sage, les marques d'honneur qui lui appartiennent.

117

Avec qui me livrerais-je à la joie sur la terre? c'est avec celui que j'aurai pu rendre témoin de mes pleurs et qui aura pu s'affliger avec moi sur les maux de l'homme.

118

Hommes légers, si j'allais prendre part à

vos joies, vous croiriez encore moins avoir des larmes à verser; je serais complice de vos déceptions, et je vous donnerais la main pour descendre encore plus profondément dans l'abyme.

119

Venez, hommes affligés, venez, vous tous qui gémissez sur l'énormité du mal. Pleurons ensemble, ne nous donnons aucun repos, que l'aiguillon de la charité n'ait pénétré jusqu'aux sources de notre vie.

120

Quand notre cœur aura saigné, quand notre sang aura lavé les plaies de quelques-uns de nos frères, alors nous pourrons chanter des cantiques de jubilation.

121

Ces délices vous sont inconnues, hommes livrés à la pente du torrent; vous ignorez ce que c'est que la joie, comme vous ignorez ce que c'est que la douleur.

Vous vous transportez, comme l'enfant, à la vue de ces frivoles objets, qui vous attachent et vous amusent, et comme lui vous êtes étrangers aux maux dont la famille humaine est dévorée.

122

Sectateurs de la poésie, si vous lisiez les écritures saintes, combien de merveilles ne vous offriraient-elles pas! Vous y verriez des pierres parlantes dans les temples bâtis avec le sang. Vous y verriez les guerriers de l'iniquité descendant au fond de l'abyme et s'y reposant, la tête appuyée sur leur sabre.

— Ces temps semblent arrivés enfin et ce vœu réalisé. Les plus belles poésies de notre époque auront été créées par la Bible, et c'est avec elle, non plus avec Homère, que marchent nos vrais poètes : Lamartine, Victor Hugo, Alfred de Vigny.

Vous y verriez la divinité fuyant de ses temples, et n'y trouvant plus de place par la multiplicité des idoles.

Vous y verriez la charité divine, déliant elle-même le mors des prévaricateurs et des esclaves.

Vous y verriez la sublimité, la force,

la variété; vous n'auriez que l'embarras du choix, et jamais la crainte de la disette.

Mais la main de la sagesse humaine et du raisonnement vulgaire aveugle vos yeux profanes, lorsque vous parcourez cette riche et vaste prairie.

123

L'Écriture Sainte a été donnée pour enrichir le cœur et l'intelligence de l'homme, ce trésor divin est comme un parterre fleuri, où l'homme vrai peut se promener à toute heure; il le trouvera toujours rempli de nouvelles fleurs, quand même il les cueillerait toutes à chaque fois.

Ouvrez les prophètes : quel feu, quelles transitions, quelle foule d'idées et de sentimens qui se pressent les uns et les autres!

C'est du désespoir, c'est de la charité pour le peuple choisi, c'est de l'amour et des cantiques, c'est l'ennui que le sein de leur mère ne leur ait pas servi de sépulchre.

Poètes humains, vous êtes plus méthodiques, parce que c'est vous qui vous commandez votre enthousiasme.

124

Toutes les paroles des prophètes l'ont annoncé; mais ils n'en annonçaient que quelques rayons. C'est pourquoi ils ne *le* pouvaient pas comprendre. Il fallait qu'*il* vînt, pour donner de lui-même la véritable intelligence.

125

Savans du siècle, vous n'atteignez point

au terme des connaissances, parce que vous dédaignez la seule clef qui puisse en ouvrir l'entrée. *Il est tout, il a tout fait*, et cependant vous voulez tout connaître et même tout opérer et tout produire sans *lui*.

126

Isole-toi dans toi-même, si tu veux sentir tes pouvoirs immenses et la grandeur de ton origine, et si tu veux fertiliser ton désert.

127

Faisons ce pacte, ô Dieu de paix : que tous mes mouvemens viennent de toi; faisons ce pacte; les ministres en porteront la nouvelle aux nations, et notre alliance sera célébrée dans toute la terre.

128

Famille humaine, parole humaine, si tu réunissais toutes tes forces dans l'esprit du sauveur des hommes, ne ferais-tu pas éclater l'univers? ne ferais-tu pas trembler l'abyme? ne pourrais-tu pas transmuer la mort?

129

Comme ils seront doux, ces jours de paix où nous entrerons dans la demeure des sages qui ont éclairé et soutenu le monde depuis l'ébranlement!

130

Le secret de la foi et de la grâce est en ceci : te servir tantôt de ton cœur, et tantôt de ton esprit, selon l'occurrence.

Ton esprit est-il satisfait? ouvre ton cœur : tu pourras te livrer à ses mouvemens sans faiblesse.

Ton cœur est-il satisfait? ouvre les yeux de ton esprit, laisse-toi porter sur les ailes de l'intelligence : elle te découvrira, elle-même, les vrais trésors qui peuvent seuls suffire à tous tes besoins.

131

Cœur de l'homme, quels siècles suffiront pour arracher de toi ce venin étranger qui t'infecte? Entendez-vous les efforts douloureux et déchirans que font les mortels pour vomir cette semence de mort?

132

Pleurons, puisque le cœur de l'homme,

qui devait être l'obstacle des ténèbres et du mal, est devenu la lumière de l'abomination et le guide de l'erreur!

Pleurons, pour que le mal trouve fermées toutes les issues, et qu'il soit réduit à errer en aveugle dans l'épaisse nuit de ses ténébreuses cavernes.

133

Homme, n'espère rien, si tu n'as pas divinisé ton cœur. C'est pourquoi, ne parle jamais de la sagesse qu'à ceux qui l'ont déjà cherchée. Ceux qui ont cru pouvoir s'en passer n'y sont pas propres.

134

Excepté des crimes, des souillures ou

de coupables négligences, qu'est-ce que l'homme offre sur la terre?

Quel abyme que son séjour! quelle cruauté dans sa manière de payer les bienfaits de Dieu! quel suicide continuel pour son ame que sa conduite!

O homme! puisse la main suprême t'arracher à ce cloaque et à ce précipice toujours ouvert! Au lieu de transmettre les lumières et la vie à tes semblables ici-bas, tu ne sais pas même t'y préserver des ténèbres et de la mort.

135

Dieu de paix, lorsque nous nous livrons à la prière, pourquoi sentons-nous que le crime et toutes ses traces s'éloignent de nous?... N'est-ce pas parce que vous êtes assez miséricordieux pour ne plus vous en ressouvenir?

136

Quelques crimes que nous ayons commis, ne désespérons jamais de la guérison, pourvu que nous nous déterminions à la demander. Notre humiliation, notre repentir aident à développer la gloire et la tendresse de notre Père céleste, et ce sont là ses suprêmes attributs.

137

Savans, oubliez vos sciences: elles ont mis le bandeau sur vos yeux.

138

Me croirais-je en mesure avec la sagesse,

quand j'aurai suspendu ma vengeance contre un homme qui m'outrage?

Je n'y serais pas, même quand j'aurais remercié la main suprême qui m'aurait envoyé cette épreuve, et quand j'aurais remercié celui qui aurait été cause que j'aurais quelque chose à offrir.

Ce serait pour mon propre intérêt que j'aimerais un pareil homme, et ma charité ne serait pas pure.

C'est quand je sentirai que j'aime cet homme pour lui, que je serai en mesure; c'est quand je sentirai que je donnerais ma vie pour lui et que je ne m'apercevrais pas des maux qu'il me fait.

C'est alors, dis-je, que j'aurai atteint le

seul point qui puisse servir de contre-poids à l'injustice.

Voilà le modèle que tu nous as donné, Réparateur saint et sacré, et voilà celui que que nous devons suivre, car *c'est de songer à nous, que provient la cause de tous les maux.*

159

Sur le sommet de ces édifices merveilleux, élevés à si grands frais, et qui étalent tant de magnificence, j'ai vu la nature humilier l'homme par les plus simples productions.

Sur ces fruits du faste, je l'ai vue produisant un brin d'herbe, la plus légère mousse, et, par cette œuvre seule, effacer toutes les œuvres et tout l'orgueil des humains.

Le lys est mieux vêtu que ne l'était Salomon dans toute sa gloire.

140

L'œil qui contemplera la terre en grand et dans ses désordres, y verra des signes terribles de la puissance de son auteur.

Ces masses énormes de rochers dont le globe est hérissé, ces tempêtes désastreuses, ces gouffres de feu, qui à la fois consomment et ébranlent notre triste demeure!

Insensé, il n'y a que toi qui ne verras pas là les traces imposantes d'une ancienne vengeance et les actes encore parlans d'une puissance irritée.

Elle a traité autrement ces anciens prévaricateurs : elle a lancé ses foudres sur eux ; elle les a écrasés sous le poids des fléaux de sa colère. Tu ne parais sur le champ de bataille que le lendemain du combat ; mais c'est encore assez tôt pour t'apprendre combien il a été terrible.

141

Mes yeux, contemplez la nature sous ses faces brillantes et enchanteresses ; n'y voyez plus cette effrayante justice ; pénétrez l'intelligence de cet emblême universel ; il n'a été donné que pour être entendu.

142

Tous les entretiens vrais se terminent par d'heureux mouvemens intérieurs, qui nous font goûter Dieu, et qui nous portent à le louer par la délicieuse paix qu'ils donnent à notre ame.

143

O vous! êtres purs et environnés des lumières de mon Dieu, ô vous qui ne languissez point, comme l'homme, sous la loi des heures, aidez-moi à faire, comme vous, ma demeure dans la prière et dans les cantiques du Seigneur!

144

Je ne peux plus retrouver le calme et la tranquillité dans la demeure de l'homme; lui-même en a détruit toutes les douceurs et toutes les lois, puisqu'il a mis à leur place son esprit et sa volonté.

Son séjour terrestre ne ressemble plus

qu'à un antre malsain et peu sûr, et où le voyageur ne s'arrête que pour laisser passer un orage.

145

Que l'homme s'unisse à Dieu, le bonheur l'embrasse et le suit partout.

Descend-il d'un degré, la langueur s'empare de lui.

Veut-il descendre encore plus bas : il va éprouver la privation, la contrainte, l'horreur de la souffrance et de la rage.

Voilà comment les hommes se fixent un destin; *et Dieu les prend ensuite dans l'état où ils se sont mis.*

146

Il l'a dit et il ne trompe point; il fait

même la volonté de ceux qui le craignent. Il fait la volonté de ceux qui le cherchent et qui le chérissent.

147

L'amour et la prière de l'homme sont plus forts que sa destinée.

148

L'homme peut soutenir l'homme, mais il n'y a que Dieu qui le délivre.

149

Je travaillerai sans relâche à mettre dans leur ordre et dans leur mesure tous les principes fondamentaux qui me composent, et tous leurs analogues s'y réuniront.

150

J'ai levé les yeux en haut; la lumière a frappé mes yeux, et l'amour de la vie m'a embrasé.

151

Ils frémiront, ceux qui m'environnent, de me voir si bien armé contre leurs coups; ils frémiront de ne pouvoir atteindre jusqu'à moi.

152

Seigneur, qu'ils n'aient pas la gloire de me voir succomber sans avoir été utile à ton service!

153

Mon ame, prosterne-toi devant ton Dieu;

épure-toi dans cette posture humble ; détache les liens de ton vieux vêtement.

154

Les spectacles vrais, les objets réels, nous ne nous en lassons point. C'est qu'ils nous alimentent toujours et ne nous épuisent jamais ; tandis que les autres ne nous alimentent jamais et nous épuisent toujours.

155

Seigneur, sans ta loi vivante, nous ne connaîtrions que l'ombre de Dieu, qu'une ombre qui en aurait la forme et qui n'en aurait pas les couleurs.

156

Seigneur, comment, sans toi, les vérités

simples arriveraient-elles jusqu'au cœur de l'homme? Le tumulte de ses pensées agite trop son atmosphère : il ne peut t'écouter que dans le repos.

157

Poursuis-le dans le silence de la retraite, dans le calme de la nuit. Appelle-le, comme tu appelas Samuel.

Empare-toi doucement de ses sens, et sans que ses facultés puissent s'opposer à ton approche. Transforme-le en homme de paix, en homme de désir, afin que, ensuite, tu puisses lui ouvrir la porte sainte.

158

Ne permettons à nos sens que ce que

nous voudrions laisser voir à notre esprit.

Ne permettons à notre esprit que ce que nous voudrions laisser voir à notre cœur.

Ne permettons à notre cœur que ce que nous voudrions laisser voir à Dieu!

Par ce moyen, tout notre être sera dans l'ordre et la mesure.

159

Prions Dieu avec amour, mais prions-le aussi avec intelligence.

160

As-tu mis assez de persévérance dans ta prière pour sentir ce que c'est que la volonté de Dieu? tu éprouveras bientôt combien l'homme est incomparablement plus aimé qu'il n'est haï.

Tu sentiras ton intelligence se développer et porter sa vue à des distances si prodigieuses, que tu seras saisi d'admiration pour l'auteur de tant de merveilles.

Tu sentiras ton cœur s'épanouir à des joies si ravissantes, qu'il éclaterait si elles se prolongeaient plus long-temps. Les heureux fruits qui résulteront de ces divines émotions, après t'avoir vivifié, te rendront propre à vivifier tes semblables à leur tour.

Mais, cette prière si efficace, peut-elle jamais venir de nous? Ne faut-il pas qu'elle nous soit suggérée?

Songeons seulement à l'écouter avec attention, et à la répéter avec exactitude.

161

Qui nous donnera d'être comme un enfant, à l'égard de la voix qui la dicte?

Dans son bas âge, on le fait prier; on lui souffle tous les mots qu'il ne fait que répéter. On lui enseigne les élémens de ces prières volontaires, *libres et puissantes*, qu'il fera lui-même lorsqu'il sera délivré de l'ignorance et du bégaiement de son enfance.

Image vraie, image douce de ce que nous avons à faire avec le guide qui ne nous quitte pas!

Telle est la fonction qu'il remplit sans cesse auprès de nous, en nous enseignant les élémens de ces prières sublimes que nous ferons un jour, lorsque nous serons séparés de notre enveloppe incorruptible.

Heureux, heureux, si nos distractions ne nous empêchaient pas aussi souvent de l'entendre!

162

Que font, tous les jours, les humains à l'égard de ceux qui s'offrent à les délivrer de leurs maux et de leurs dangers?

Au lieu de le saisir fortement, pour qu'en s'élevant il les élève avec lui, ils consomment leurs momens les plus précieux à s'informer d'où il vient, qui il est, s'il a des droits pour venir leur offrir des services.

163

Péché primitif, comment te nier, quand

on voit que tu te perpétues sans relâche et de toutes les sortes? Le Seigneur avait dit partout dans l'Écriture sainte : *Appelez-moi, appelez-moi, et je vous exaucerai.*

Et cependant, quoiqu'elle soit si douce, la condition qu'on nous impose, non seulement nous n'appelons pas celui qui peut nous secourir, mais nous le dédaignons quand il vient de lui-même, et sans attendre qu'on l'appelle.

164

Si quelque chose est capable d'absorber ta pensée, malheureux mortel, c'est l'extrême patience de ton Dieu.

Elle est mille fois plus incompréhensible que sa puissance.

C'est qu'elle tient essentiellement à son amour, et que, si nous pouvions connaître l'immensité de cet amour, il n'y aurait plus rien dans Dieu qui nous fût caché.

165

Je me suis levé avant le jour pour offrir mes vœux à l'Éternel. J'ai pris ce moment paisible où les hommes, livrés au sommeil, y semblent ensevelis comme dans le tombeau, pour y ressusciter leur pensée.

Ce moment est le plus avantageux pour la prière et pour s'unir à la vérité. L'atmosphère n'est point agitée par les vaines paroles des hommes, ni par leurs fertiles ou vicieuses occupations.

Mortels, n'est-ce que dans le silence de votre pensée que peut se trouver la paix de la nature?

Dieu suprême, pourquoi laisses-tu plus long-temps dans cette terre fangeuse celui qui t'aime, qui te cherche et dont l'ame à goûté ta vie!

166

Malheureux juges, pitoyables moqueurs de ce que vous n'étiez pas dignes de contempler, vous voudrez un jour pouvoir faire oublier vos jugemens; vous voudrez pouvoir les effacer par vos larmes, et vos larmes ne les effaceront point.

Vos écrits propagent les maux, et vous ne pouvez plus y mettre ordre. Vous avez à pleurer, et les maux que vous avez faits, et ceux que vous devez faire jusqu'à la fin des siècles.

167

Qui sera assez puissant pour faire naître une nouvelle plaie dans la terre d'Egypte, afin que tous les écrits de l'homme non régénéré se trouvent à l'instant rongés des vers, ou consumés par les flammes, ou transformés en poussière.

— Nul, sans doute, n'aura ce pouvoir, et de nos temps moins que jamais. Aussi, qui peut dire où nous allons?

168

Le Seigneur a incliné ses regards sur la postérité de l'homme, et il a vu ceux qui le cherchent.

169

Quel est cet homme brisé de douleur et gémissant sur ses iniquités? Quel est cet homme humble et dans l'indigence de la sagesse, et demandant à tous les êtres puissans de soulager sa pauvreté?

Je l'ai vu du haut de mon trône, je l'ai vu dans sa tristesse et dans l'abattement : mon cœur s'est ému. *J'ai enveloppé ma gloire*, et je suis descendu vers lui.

J'ai imposé mes mains sur sa tête et sur son cœur ; il est sorti de son état de mort; la chaleur a circulé dans ses membres.

Il s'est levé : sois bénie à jamais, sois bénie, sagesse bienfaisante, qui viens de me rendre la vie! Laisse-moi te saisir, laisse-moi coller mes lèvres sur tes mains, et qu'elles ne s'en séparent plus.

« *Où irais-je? N'as-tu pas les paroles de la vie éternelle!* »

170

Le Seigneur a dit : *Je prendrai soin moi-même de celui qui me cherche*, de celui qui m'aime, *ou désire de m'aimer*. J'allumerai dans son cœur un feu semblable à toutes les ardeurs du soleil, et tout son être deviendra resplendissant de lumière.

171

Je supporterai sans murmure les langueurs de ma régénération; je laisserai errer douloureusement mes pensées et les vœux de mon cœur, dans les pénibles sentiers du temps.

172

Que mes pas soient imprimés sur la terre de douleur, et laissent après eux de longues traces! Ces marques sanglantes inspireront de la crainte au pécheur; elles pourront l'arrêter dans ses crimes.

Mais qu'elles ne l'arrêtent pas dans son espérance!

173

Dieu me préserve de croire que toutes les fois que mon ame invoque le Seigneur, il ne soit prêt à m'entendre et à m'exaucer.

174

A tous les momens de sa vie, l'homme a

besoin de se sauver; aussi a-t-il vu entrer dans ses abymes un libérateur universel, et qui ne se repose jamais;

Un libérateur qui ne peut être que Dieu même.

175

Ame humaine, unis-toi à celui qui a apporté sur la terre le pouvoir de purifier toutes les substances; unis-toi à celui *qui, étant Dieu, ne se fait connaître qu'aux simples et aux petits, et se laisse ignorer des savans.*

176

Ce n'est point à l'homme faible que la gloire du Seigneur est promise; avant d'en jouir, il faut que l'homme ait recouvré son élévation. Car c'est dans la pensée de l'homme pur que se trouve la gloire du Seigneur.

177

Un jour, les cieux, la terre et l'univers cesseront d'être, et ils ne pourront plus annoncer la gloire de Dieu.

Quand ce jour sera arrivé, la pensée de l'homme pourra encore la justifier, la prouver, la démontrer, et cela pendant la durée de toutes les éternités.

178

Songez que si vous abandonniez jamais une pensée pure et vraie, qu'elle n'eût été conduite à un terme vif et efficace, vous

vous rétabliriez insensiblement dans votre loi, et que vous deviendriez, dès ici-bas, les représentans de votre Dieu.

179

Qu'il sera beau, ce spectacle futur, où toutes les ames qui n'auront pas succombé à l'épreuve s'élèveront vers la région de la lumière! Voyez-vous l'univers entier s'enfoncer dans le néant, et perdre à la fois toutes ses formes et toutes ses apparences?

Voyez-vous tous ces esprits purifiés s'élever dans les airs, comme la flamme d'un grand incendie, et ne montrer qu'une clarté éblouissante à la place de toutes ces matières qu'ils ont consumées et qui ne sont plus!

180

Dieu suprême, quand j'aurai péché et que je m'affligerai devant toi, ce ne sera point parce que tu es un être qui punit, mais ce sera parce que *tu es un être qui pardonne.*

181

La vérité avait paru, et à sa présence les aveugles voyaient, les sourds entendaient, les boiteux marchaient droit, et les malades étaient guéris.

182

Tu t'es montrée, doctrine humaine, et ceux qui voyaient sont devenus aveugles, ceux qui entendaient sont devenus sourds, ceux qui marchaient sont devenus boiteux, et ceux qui étaient sains sont devenus malades!

183

Tristes victimes, savez-vous comment cette vérité vous traitera? Elle a régénéré ceux qui étaient infirmes lors de sa venue, parcequ'ils l'étaient par ignorance, et que la lumière n'avait pas encore paru pour eux.

Mais vous qui l'aviez vue, cette lumière, vous qui aviez été avertis mille fois de sa présence, vous l'avez laissé évaporer!

184

Doctrine humaine, ô doctrine humaine! laisse aller mon peuple, pour qu'il me puisse offrir ses sacrifices!

185

Ce sont, dites-vous, les transitions et les liaisons qui embarassent le plus les écrivains. Ignorez-vous que les liaisons existent dans les choses? Les hommes de lumière *et de vérité* en *mettent peu dans les mots.*

Voulez-vous ne juger que sur les mots et sur le cadre, les endroits les plus élevés de l'Écriture sainte : vous n'y verrez qu'obscurité, désordre et confusion.

Voulez-vous les examiner avec plus de soin, et en solliciter l'intelligence : vous y trouverez des rapports vastes et imposans.

186

Voyez quelles sont les transitions des

écrivains sacrés! Elles consistent presque toutes dans une seule particule conjonctive, parce qu'ils ne parlent jamais qu'au nom du Seigneur, *et que le nom du Seigneur sait tout lier, comme il a su tout produire.*

187

La fureur de Dieu est pour les impies; sa justice est pour les désobéissans; sa miséricorde est pour les faibles.

188

Le savant et l'homme politique croient se perfectionner; cependant ils ont chassé de chez eux toute croyance?

189

Chantons les louanges du Seigneur. C'est

beaucoup, si, chaque jour, nous accordons quelques instans à notre pensée. N'est-ce pas toujours une suspension pour nos jouissances, puisque nos jouissances consistent à prier et à chanter les louanges du Seigneur?

190

Tâche de ne pas faire ta demeure dans le péché; et la vie ne sera pas retirée de toi pour toujours.

191

Dites en vous-même : *Je suis le fils du Seigneur*. Dites-le, jusqu'à ce que cette parole sorte du fond de votre être : et vous sentirez les ténbères s'enfuir d'autour de vous.

192

Essuie tes larmes, malheureux mortel: bannis tes craintes. Un homme est venu d'en haut; il est venu dire pour toi :

Je suis le fils du Seigneur!

A cette parole, ses adversaires ont été renversés, l'abyme a tremblé, et l'orient terrestre a repris sa place, pour servir d'échelle et de guide à la postérité humaine.

Répète cette parole avec lui, répète-la après lui; mais répète-la sans cesse; il se peut présenter pour toi de nouveaux maux à guérir et de nouveaux dangers à repousser.

193

Qui connaît les priviléges des amitiés

saintes et appuyées sur une triple base? Ce sont les seules qui aient de la consistance, et, sans le lien sacré qui les unit, elles ne mèneraient qu'à la confusion.

194

Alliances humaines, voulez-vous éviter cette confusion? Puisez dans Dieu l'amour de vos esprits, dans vos esprits l'union de vos ames, dans vos ames l'union de vos corps.

Ce sera le moyen que l'ennemi soit trompé dans ses desseins.

195

La puissance qui circule aujourd'hui dans l'homme est faible et presque nulle; mais elle est encore assez grande pour te détruire, adversaire de toute vérité.

196

Qui osera comparer le goût et les idées *de sagesse* dont l'ame de l'enfant est remplie, avec l'état de néant et de corruption où les hommes ont amené les choses?

Il y aurait de quoi verser des larmes de sang et de fiel.

— Ceci est de toute erreur. L'ame de l'enfant n'est point remplie de *sagesse*, mais d'orgueil et de volonté propre, de désordres et de désirs immodérés; et c'est de cela *qu'il y a de quoi verser des larmes de sang et de fiel.*

197

Que ta prière soit confiante et hardie,

jusqu'à la témérité. Dieu veut qu'on le prenne par violence. Tout est violence dans la région ténébreuse où nous sommes. Il veut que tu le forces, pour ainsi dire, à sortir de sa propre contemplation, pour jeter les yeux sur ta misère et voler à ton secours.

198

Ici s'arrête l'œuvre de l'homme, parce qu'ici commence l'œuvre de Dieu.

Dieu veut qu'on le prenne par violence, mais il veut se donner par amour.

199

Seigneur, Seigneur! nous ne te demanderons qu'une seule chose : *c'est que l'ame de l'homme ne lui soit pas donnée en vain.*

200

La vie frissonne des abus qui naissent de l'indiscrétion et de l'imprudence; elle ne se livre qu'aux sages administrateurs.

201

As-tu calculé les degrés de l'homme? vois son échelle :

L'homme inique, l'homme dépravé, l'homme sensuel, l'homme sensitif, l'homme sensible, l'homme moral, l'homme spirituel, l'homme sapientiel, l'homme divin.

Compare les deux extrêmes.

— N'avez-vous pas souvent remarqué que tous ces degrés se trouvaient, presque en même temps, dans le même individu? qu'il en est bien peu qui n'aient que les trois premiers degrés? Il en est pourtant.

202

Voulez-vous avoir une idée véritable de l'enfer et de ses damnés? méditez ce qui suit :

Ma tête s'est penchée sur le puits de l'abyme. Qui peut supporter un instant cette odeur infecte, sans être suffoqué? Ces feux sombres et dévorans fatiguent et blessent la vue. . . . .

Mais quels sons rauques s'élèvent du fond de ces cavernes ténébreuses? ce sont les cris des ennemis de la vérité. Quand le jour de la vengeance sera arrivé, ces cris deviendront bien plus effrayans.

Les malheureux! ils ne font encore que gémir et se lamenter. Ils paraissent ne faire encore que verser des pleurs. Mais, alors, ils hurleront de rage; ils grinceront des dents de fureur. . . . .

Ils peuvent encore lancer des traits sur l'homme; et malheureusement ils peuvent l'atteindre. Ces succès tempèrent leur désespoir, et donnent quelques délais à leur effroyable misère. . . . .

Mais, quand leurs ténèbres seront absolues, quand l'homme ne leur prêtera plus la lumière de son cœur, alors, ils ne pourront faire un pas sans être percés de mille traits; ils ne pourront être un instant sans en lancer eux-mêmes, dans la colère qui les transportera, et jamais ils ne pourront mourir.

Alors, l'abyme retentira des cris de leur fureur; ces cris seront si horribles, qu'ils en seront effrayés eux-mêmes, et il n'y aura que la mort qui les entendra, tant ils seront loin de la région des vivans.

Les larmes mêmes de la prière ne pourront descendre jusqu'à eux. Si une seule de ces larmes pouvait pénétrer dans leurs gouffres, ils seraient sur-le-champ purifiés.

Mais l'iniquité est en sentinelle à la porte de l'abyme; elle n'y laisse entrer que ce qui peut agrandir le royaume de la corruption.

Elle en repousse le nom de la paix, comme l'ennemi le plus redoutable; et l'on ne pourrait le prononcer sans glacer d'effroi tout l'abyme.

205

La prière a pris naissance dans le foyer éternel de la vie.

Rendons-lui cette vivacité, qui ne tient ni à la longueur de l'oraison, ni à la multitude des paroles (le Sauveur l'a dit lui-même), mais qui fait que tout ce que notre ame enfante, devient un feu dévorant qui dissout toutes nos souillures.

Rendons-lui cette vivacité, par laquelle nous obtenons que nos crimes soient oubliés : que le Seigneur s'empare de nous, et que nos parfums s'élèvent jusqu'à son trône.

Alors, nous pourrons dire avec la mère de Samuel : *mon cœur a tressailli d'allégresse dans le Seigneur, et mon Dieu m'a comblé de gloire.*

204

Suspends tes jugemens, homme présomptueux; attends que le règne de Dieu arrive, pour prononcer s'il est ou non conforme à la justice.

205

Quel immense départ! Il faut qu'il se fasse dans la pensée de l'homme! il faut qu'il efface de son souvenir tout ce qu'il voit! il faut qu'il regarde comme nul tout ce qui se passe sous ses yeux, et qu'il ne regarde comme vrai que ce qu'il ne voit pas!

206

Que ton cœur se dilate! tu cherches ton Dieu: il te cherche encore davantage, il t'a toujours cherché le premier.

207

Tu le pries! sois confiant dans le succès

de ta prière. Quand même tu serais assez faible pour mal prier, n'y aurait-il pas l'amour, qui prierait pour toi?

— Tout le reste de ce chapitre est d'une inspiration vraiment divine.

208

O terre plus amère que la mort, quel fardeau tu laisses peser sur l'homme, tandis qu'il voudrait porter sa tête dans les cieux! Et ce n'est que par ce poids accablant que tu peux le ramener à la simplicité primitive.

209

Parce que les hommes vous ont trompés et se sont trompés encore plus souvent, vous êtes tentés d'étendre votre défiance jusque sur Dieu même.

210

Quand est-ce qu'ils s'abandonneront à la main qui les soutient et les guide? Quand est-ce qu'ils oublieront leur propre sagesse, et qu'ils se reposeront sur la seule base d'où s'élève la colonne éternelle de la vérité?

211

Malheur à vous, mortels qui aurez passé en vain sur la terre, et qui n'y aurez semé aucune vertu!

Malheur à vous, qui aurez laissé votre pensée errante, et qui n'aurez pas trouvé que le soin de votre être fût assez pressant pour la fixer!

On ne dira point de vous : il a senti la

dignité de son existence; il a rempli son poste avec gloire.

Des ames de paix ne diront point : il m'a aidé dans mon infortune, il m'a garanti de la perversité, il m'a soutenu par son exemple, et il a fait naître en moi le goût de la sagesse; *c'est à lui que je dois de l'avoir recherchée et de l'avoir préférée aux joies du monde.*

Malheur à vous, si vous avez laissé des signes malfaisans et mensongers! Malheur à vous, si les nations à venir ont à vous reprocher de les avoir égarées! Malheur à vous si elles peuvent dire :

Il est la cause de nos déceptions et du mensonge où nous sommes livrées; *il est la cause du trouble qui nous poursuit.* Et son nom ne peut être proféré par nous qu'avec le langage de la malédiction!

Ces effrayantes paroles vous poursuivront jusque dans le tombeau, et elles vous tourmenteront encore plus que l'infection de vos sépulcres.

— Cet anathême ne pèse-t-il pas, d'une manière accablante, sur les philosophes impies du dernier siècle, et sur la plupart des politiques du siècle actuel?

212

L'homme léger est entraîné par le charme de faire écouter ses paroles. L'homme prudent est entraîné par les charmes du silence.

213

De l'orgueil avec de l'instruction! comment ces deux choses seraient-elles compatibles? Écoute :

Il te faut ta vie entière pour étudier seulement les noms d'une partie des ressorts qui composent un corps; et encore ces noms sont conventionnels, et ne t'apprennent rien.

Et il n'a fallu qu'un seul acte de la parole pour former l'immensité des êtres, avec tous leurs principes, tous leurs noms positifs, et l'universalité de leurs lois!

214

Comment l'humilité fait-elle ta force? c'est qu'alors tu laisses régner le principe, et que toute la force vient de lui.

Si tu te glorifies, tu deviens faible, parce que tu te sépares du principe, en voulant te mettre à sa place.

215

Les jours de la consolation sont ceux où tu te seras pour jamais dévoué au service du Seigneur, à la méditation de ses lois et au désir constant et soutenu de devenir un homme selon son cœur.

216

Malheur à celui qui ne fera pas des Écritures saintes sa nourriture journalière! son sang et ses nerfs se dessécheront, comme l'homme qui a souffert long-temps la faim et la soif, et n'a point pris de subsistance.

217

Pourquoi est-il si avantageux de pouvoir citer les Écritures saintes dans les discours instructifs? c'est que, quand on a le bonheur d'en citer un passage à propos, on n'a plus rien à faire.

Car c'est, alors, l'esprit même qui l'a dicté qui se met en notre place, et qui dévoile les vérités à l'entendement de ceux qui nous ont écoutés.

218

Ne voyez-vous pas que, dans ces occasions, chacun des auditeurs se tait et médite un moment en silence?

219

Nous venons ici-bas dénués de toute

espèce de connaissances : il n'en faut pour preuve que la conduite et les actions de l'enfance, qui se font sans ordre et sans raison.

Mais nous apportons le germe et la disposition à toutes ces connaissances ; il n'en faut pour preuve que l'aptitude et la justesse de cette même enfance, qui souvent l'emporte en ce genre sur les hommes mûrs.

Suivons constamment les lois de ces tendres plantes, jusqu'à ce que nous ayons atteint la hauteur des cèdres du Liban, et nous y parviendrons, si nous laissons chaque jour baigner nos racines par les fleuves des Écritures saintes.

— Que de beautés et d'erreurs, ce nous

semble, dans ces éloquentes paroles! Comment admettre, d'abord, que nous apportons ce germe et ces dispositions aux connaissances? Ce n'est certainement que le plus petit nombre des hommes qui y est propre. Il en est beaucoup d'absolument déshérités de cette disposition. Et, dans le petit nombre de doués, que de contrastes et d'insuffisances! Nous avons rencontré un grand nombre d'hommes capables de s'élever par les mathématiques à tous les calculs astronomiques, et tout-à-fait insensibles à la poésie des astres et du Ciel!

Quant aux admirables Écritures saintes, que d'hommes ont *baigné leurs racines dans ce fleuve*, pour n'en rapporter que de la moquerie et de l'incrédulité! Lisez Voltaire, qui les savait par cœur!!

Oh! si l'homme mettait à profit un seul

des heureux momens qui lui sont envoyés pendant sa vie!

Oui, un seul de ces momens mis à profit, lui aurait suffi pour assurer sa route et se procurer un heureux terme à la fin du voyage.

Que le laboureur fasse un seul sillon droit, ne sera-ce pas assez pour qu'il puisse aligner tous les autres?

221

Hommes du siècle, hommes si industrieux, pourquoi semez-vous vos grains? n'est-ce pas dans l'espoir qu'ils vous rendront une récolte abondante?

Pourquoi épuisez-vous votre corps de

sueurs et de fatigues? n'est-ce pas parce que vous vous flattez de retirer de tous ces efforts quelques fruits qui vous en dédommagent au centuple?

Pourquoi donc ne calculez-vous pas ainsi, dans l'emploi de toutes vos facultés?

Pourquoi consommez-vous en vain et si constamment vos paroles, et êtes-vous si insoucians sur les fruits que vous en retirez? Est-ce que cette parole ne vous avait pas été donnée comme les autres semences?

222

S'il est permis de se livrer à la jalouse envie, c'est pour l'ame qui sent les douleurs de la charité!

223

Est-ce du sein de la paresse et de l'indolence qu'il faut aller chercher l'œil et la main de Dieu?

N'oublie jamais que c'est un Dieu jaloux et qui aime qu'on le prie; parce qu'il sait que la prière ouvre les canaux de la vie divine.

224

Prie, ame humaine, prie, mon ame : tu ne peux prier sans que ton Dieu même ne prie avec toi.

225

Mon ami, mène-moi aux sources de la vie! Après avoir invoqué l'éternel, allons nous faire reconnaître aux régions de la terre. Allons nous humilier et nous préparer dans le silence. Ne faut-il pas que le nom du Seigneur s'enveloppe, pour ne pas tout dissoudre? *Mon ami*, mène-moi aux sources de la vie!

— *Mon ami* : c'est ainsi qu'il nomme le divin Sauveur de nos ames.

226

Combien l'ame est saine et vive, lorsqu'elle s'est baptisée et comme baignée dans la prière!

227

Respecte les chefs. Si c'est Dieu qui les envoie et qu'ils soient ignorans, c'est une épreuve pour l'église. S'ils viennent d'eux-mêmes, il faut prier pour eux, afin que la main suprême les guérisse de leur folie.

Mais, pour nous, *dépouillons-nous*, si nous voulons être superbement vêtus, et si nous voulons être sans inquiétude sur les fruits de nos pensées.

— Ce langage est celui du Seigneur, et combien il diffère de celui que nous venons d'entendre de la bouche d'un prêtre prévaricateur prêchant le meurtre, le désordre et l'incendie!

228

Quelle paix régnerait sur la terre, si, dans l'ame neuve et ingénue des enfans, on ne semait que des paroles et des idées vraies!

229

Les prophètes et les vrais sages ont beaucoup souffert. Ils ont souvent désiré la mort, aucun ne se l'est donnée; étaient-ils des Architopel et des Judas?

Il n'y a que les peines fausses et nées du crime qui nous dépravent au point de nous faire ramper sous le joug, et nous pressent de nous en délivrer.

250

Saints amis de l'homme, secondez-le dans sa prière, car sa prière est comme morte, tant qu'il n'est pas régénéré.

251

Le nom du Seigneur est toujours nouveau. C'est pourquoi il est toujours prêt à régénérer l'homme.

232

Il me comblait de biens, et moi, je ne le connaissais pas, et je me laissais aller à la faiblesse de chérir ma vie, tandis que, si je ne la haïssais pas, je ne pouvais être digne de *lui*!

233

La pénitence est plus douce que le péché.

234

Sagesse humaine, tu t'épuises en science et en efforts; tu consommes toute ton intelligence pour des œuvres frivoles et fausses! Comment trouverais-tu la paix et la sagesse?

235

Oh! que le Seigneur parle! que sa voix

triomphe et l'emporte sur les pouvoirs du crime! Le silence est aboli.

O nuit! tu te précipites avec le silence; les ténèbres peuvent-elles exister auprès de la parole de l'Éternel?

Toutes les régions régénérées par ta parole et dans la lumière, élèvent comme toi leurs voix jusqu'aux cieux. Il n'existera plus qu'un seul son qui se fera entendre à jamais, et ce son le voici :

L'Éternel! l'Éternel, l'Éternel, l'Éternel, l'Éternel, l'Éternel, l'Éternel!!

156

Légers observateurs, mes tableaux ne vous paraîtront pas dignes de vos regards. Je n'ai point séparé, comme vous, mes méditations de l'être tout-puissant par qui tout existe.

C'est en l'excluant que vous avez prétendu nous faire connaître la vérité. Il l'est lui-même, cette vérité. Que dis-je? il l'est lui seul! qu'auriez-vous pu trouver sans lui?

J'ai voulu fixer les yeux de mes frères sur le foyer même et sur l'huile de joie qui a servi d'onction aux élus de mon Dieu.

C'est le seul moyen qui soit en mon pouvoir, de leur apporter un secours profitable: d'autres avanceront plus que moi le règne de mon Dieu, par leurs œuvres et par leur puissance. Je n'ai reçu en partage que le désir de chanter sa gloire, de dévoiler les iniques mensonges de ses adversaires, et d'engager mes semblables à porter leurs pas vers cet asile des vraies et ineffables délices.

Si je n'ai que le denier de la veuve à leur offrir, pour leur aider à faire le voyage de la vie, *je les conjure de ne pas le rejeter, sans en avoir éprouvé la valeur.*

C'est avec une douce consolation que je les verrai cueillir ces faibles fruits des désirs d'un homme simple qui les a aimés.

Puisse la vertu de leurs cœurs, puisse la piété des siècles, être le cantique funéraire qui sera à jamais chanté sur ma tombe!

Je l'entendrai dans le sommeil de la paix, et j'en rendrai à mon Dieu tout l'hommage.

FIN.

Et nous aussi, *conjurons nos semblables de ne pas rejeter ces pensées, sans en avoir éprouvé la valeur.*

Se peut-il rien voir de plus tendre, de plus affectueux, que cette dernière page d'un livre entièrement inspiré par l'amour des hommes, et on peut le dire entièrement oublié, entièrement inconnu de presque tous!

Ce dernier vœu ne vous perce-t-il pas le cœur d'une amère tristesse?

Puisse la vertu de leurs cœurs, *la piété des siècles!...* — oh! mon Dieu, *la piété des siècles! — être le cantique funéraire qui sera à jamais chanté sur ma tombe!!*

Où est cette *tombe?* qui a entendu *ce*

cantique funéraire dans ce siècle d'intérêts, d'indifférence, de trouble, de haine, de *mauvaise volonté ?*

Où nous trouver à un petit nombre pour aller mettre une couronne, un rameau de buis sur ce tombeau ignoré? pour y laisser couler nos pleurs? . . .

— Personne n'a répondu. —

Oh! saint homme, c'est ton esprit qu'il faut chercher, qu'il faut répandre. J'y veux consacrer les meilleurs de mes jours, dussé-je éprouver le même sort que toi.

Quelle conscience cet homme avait de sa

fécondité et de ses forces! Quel prodige inoui il nous a révelé dans ces paroles :

« *C'est une vérité qu'il n'y aurait pas assez de papier dans le monde, pour écrire tout ce que j'aurais à dire. Il y a vingt-cinq ans que j'ai eu cette pensée!* »

Et, sans doute, ce n'était pas de vains mots. On a pu en juger par ce qui précède: en voici de nouvelles preuves, qui me sont venues depuis :

« Il m'a été clairement démontré qu'il y a deux voies : l'une où l'on s'entend sans parler, et l'autre où l'on parle sans s'entendre. »

Quand j'ai aimé plus que Dieu quelque chose qui n'était pas Dieu, je suis devenu souffrant et malheureux.

Quand je suis revenu à aimer Dieu plus que toute autre chose, je me suis senti renaître, et le bonheur n'a pas tardé à revenir en moi.

Si je n'avais pas trouvé Dieu, jamais mon esprit n'eût pu se fixer à rien sur la terre.

Le plus beau vers qui, à mon avis, soit dans la littérature des hommes, est le 853e du sixième livre de l'Enéide :

Parcere subjectis et debellare superbos.[1]

N'est-ce pas une douleur pour la pensée,

[1] Épargnez les petits, combattez les superbes.

de voir que l'homme passe sa vie à chercher comment il la passera!

J'ai désiré de faire du bien, mais je n'ai pas désiré de faire du bruit, parce que j'ai senti que le bruit ne faisait pas de bien, comme le bien ne faisait pas de bruit.

Les faiblesses retardent, les passions égarent, les vices exterminent.

C'est souvent moi qui ai été obligé de commencer à aller chercher Dieu; mais c'est une chose certaine que jamais ce n'est lui qui m'a abandonné le premier.

Oui, Dieu! j'espère que, malgré mes fautes, tu trouveras en moi de quoi te consoler.

Souvent de n'être pas un monstre, cela suffisait pour que je me crusse un sage. Qu'est-ce que c'est que l'homme?

A la manière dont les gens du monde passent leur temps, on dirait qu'ils ont peur de n'être pas assez bêtes.

J'ai souvent remercié Dieu de deux choses: la première, de ce qu'il y avait des souverains et des gouvernans; la deuxième, de ce que je ne l'étais pas.

-⁂-

A force de dire : *notre Père!* espérons que nous entendrons dire un jour : *mon fils!*

-⁂-

Pères, le sort de vos enfans est entre vos mains, soit au physique, soit au moral : car votre parole est sacrée, *et si vous la maintenez dans sa fermeté et dans sa mesure*, vous pouvez d'un mot chasser les maux et les vices de celui qui est votre image.

— Ce n'est, certes, pas aussi facile qu'il le pense.

⁂

Quand les services de la charité te coûteront et te paraîtront pénibles, songe à ceux qui t'ont été rendus par la charité du *Réparateur.*

⁂

Réjouis-toi lorsque Dieu t'éprouve : c'est une preuve qu'il ne t'oublie pas.

⁂

La fausse instruction qui inonde la terre tient l'humanité suspendue comme à un fil au-dessus de l'abyme.

⁂

C'est pour que l'homme porte sa tête

jusque dans les cieux, qu'il ne trouve pas ici-bas de quoi reposer sa tête.

-※-※-※-

De tout ce que j'ai vu dans le monde, je n'ai trouvé que Dieu qui eût de l'esprit.

-※-※-※-

Quelque sublime que soit un génie, même dans les choses de l'esprit, il ne pourra se soutenir qu'autant qu'il se fondera sur la piété.

-※-※-※-

Il ne faut pas entreprendre de convertir les philosophes : ce serait probablement du temps perdu ; mais on peut, au moins, les mettre hors d'état de nuire aux bonnes ames.

C'est ainsi que les états politiques ne cherchent pas, par leurs lois et leur police, à faire de bons sujets des brigands et des voleurs de grand chemin; mais ils cherchent, en leur mettant les fers aux pieds et aux mains, à protéger la sûreté de la société.

— Des lois sévères sur la presse parviendraient seules à remplir ce but, et les gouvernemens ne pouvant les obtenir, la société sera livrée, armée si l'on veut, mais impuissante, aux *brigands* et aux *voleurs* dont parle ici Saint Martin.

Dieu est près de nous, il est vrai, mais nous sommes malheureusement presque tous loin de Dieu.

POST-SCRIPTUM.

Comme nous terminions ce travail, quelques observations d'hommes sages et éclairés sont venues tardivement nous troubler.

Saint Martin, nous a-t-on dit, passe pour être peu orthodoxe : votre enthousiasme pour lui ferait soupçonner que vous êtes un de ses adeptes, et disposé à vous éloigner des immuables principes du catholicisme.

A cela, nous sommes pressés de répondre bien nettement : que nous n'avons rien aperçu de contraire aux dogmes de la sainte Eglise, dans ce que nous avons lu de Saint Martin.

Plus clairement encore, nous déclarons n'être point l'un des adeptes de Saint Martin, qui ne fit ni secte, ni école, et qui n'eut en son temps que des amis plus ou moins passionnés. — Notre âge ne nous permet pas d'en avoir fait partie.

Aucune forme de dogme, aucun rituel n'a paru de ce philosophe : nous n'avons eu ni à les admettre, ni à les combattre.

Trois points nous ont attiré et décidé dans l'admiration que nous professons :

La vive croyance de l'auteur dans les prophètes ;

Sa foi non moins vive dans le Sauveur.

Sa défiance et son dédain pour la raison humaine.

Il nous a semblé ne pouvoir trop aimer, trop admirer, trop remercier celui qui, au temps du plus grand succès, de la plus immense vogue de la philosophie du dix-huitième siécle, s'écriait, avec un accent qui devait trouver un jour tant d'écho dans les cœurs :

« Doctrine humaine, doctrine humaine,
« laisse aller mon peuple, pour qu'il puisse m'of-
« frir ses sacrifices ! »

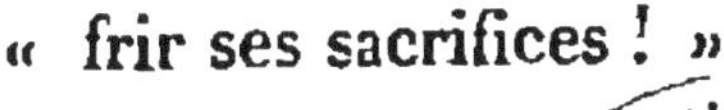

www.ingramcontent.com/pod-product-compliance
Ingram Content Group UK Ltd.
Pitfield, Milton Keynes, MK11 3LW, UK
UKHW021049200726
13857UKWH00003B/867

9 782012 935631